SUPERHERRAMIENTAS CIENTÍFICAS

CÓMO UTILIZAR UNA BÁSCULA

Nora Roman

traducido por Alberto Jiménez

Gareth Stevens PUBLISHING

Please visit our website, www.garethstevens.com. For a free color catalog of all our high-quality books, call toll free 1-800-542-2595 or fax 1-877-542-2596.

Library of Congress Cataloging-in-Publication Data

Names: Roman, Nora (Children's author), author.
Title: Cómo utilizar una báscula / Nora Roman.
Description: New York : Gareth Stevens Publishing, [2018] | Series: Superherramientas científicas | Includes bibliographical references and index.
Identifiers: ISBN 9781538205884 (pbk. book) | ISBN 9781538205891 (6 pack) | ISBN 9781538205907 (library bound book)
Subjects: LCSH: Scales (Weighing instruments)–Juvenile literature. | Measurement–Juvenile literature.
Classification: LCC QC107 .R66 2018 | DDC 681.2–dc23

Published in 2018 by
Gareth Stevens Publishing
111 East 14th Street, Suite 349
New York, NY 10003

Translator: Alberto Jímenez
Editorial Director, Spanish: Nathalie Beullens-Maoui
Designer: Laura Bowen
Editor: Therese Shea

Photo credits: Cover, p. 1 fstop123/Getty Images; pp. 1–24 (series art) T.Sumaetho/Shutterstock.com; p. 5 (top) kali9/Getty Images; p. 5 (bottom) Seregraff/Shutterstock.com; p. 7 MNStudio/Shutterstock.com; p. 9 Steve Pepple/Shutterstock.com; p. 11 Digital Light Source/Universal Images Group/Getty Images; p. 13 Ivonne Wierink/Shutterstock.com; p. 15 Westend61/Getty Images; p. 17 Jonathan Pow/Getty Images; p. 19 phloxii/Shutterstock.com; p. 21 (scale) Maglara/Shutterstock.com; p. 21 (boy) Jack Frog/Shutterstock.com.

Printed in the United States of America

CPSIA compliance information: Batch #CS17GS: For further information contact Gareth Stevens, New York, New York at 1-800-542-2595.

CONTENIDO

Las palabras en negrita aparecen en el Glosario.

Un modo de pesar

Imagina que estás en un feria y hay una divertida atracción a la que te quieres subir. Sin embargo, las normas indican que debes pesar al menos 50 libras (23 kilogramos) para subir en ella. No estás seguro de que sea tu caso. ¿Cómo puedes averiguarlo? ¡Usa una báscula!

66.8

¡Gran gravedad!

Todo aquello que en la Tierra tiene **masa**, tiene a su vez peso, debido a la gravedad. La gravedad es la fuerza que arrastra las cosas hacia el suelo. Una báscula es una herramienta que mide cuánta gravedad está tirando de un objeto hacia abajo. ¡Ese es su peso!

Báscula de resorte

Tal vez tengas una báscula de resorte en tu cuarto de baño. Cuando pisas su plataforma presionas un resorte que está debajo; ese resorte hace que se desplace un puntero hacia uno de los números de la báscula. ¡Ese número es tu peso!

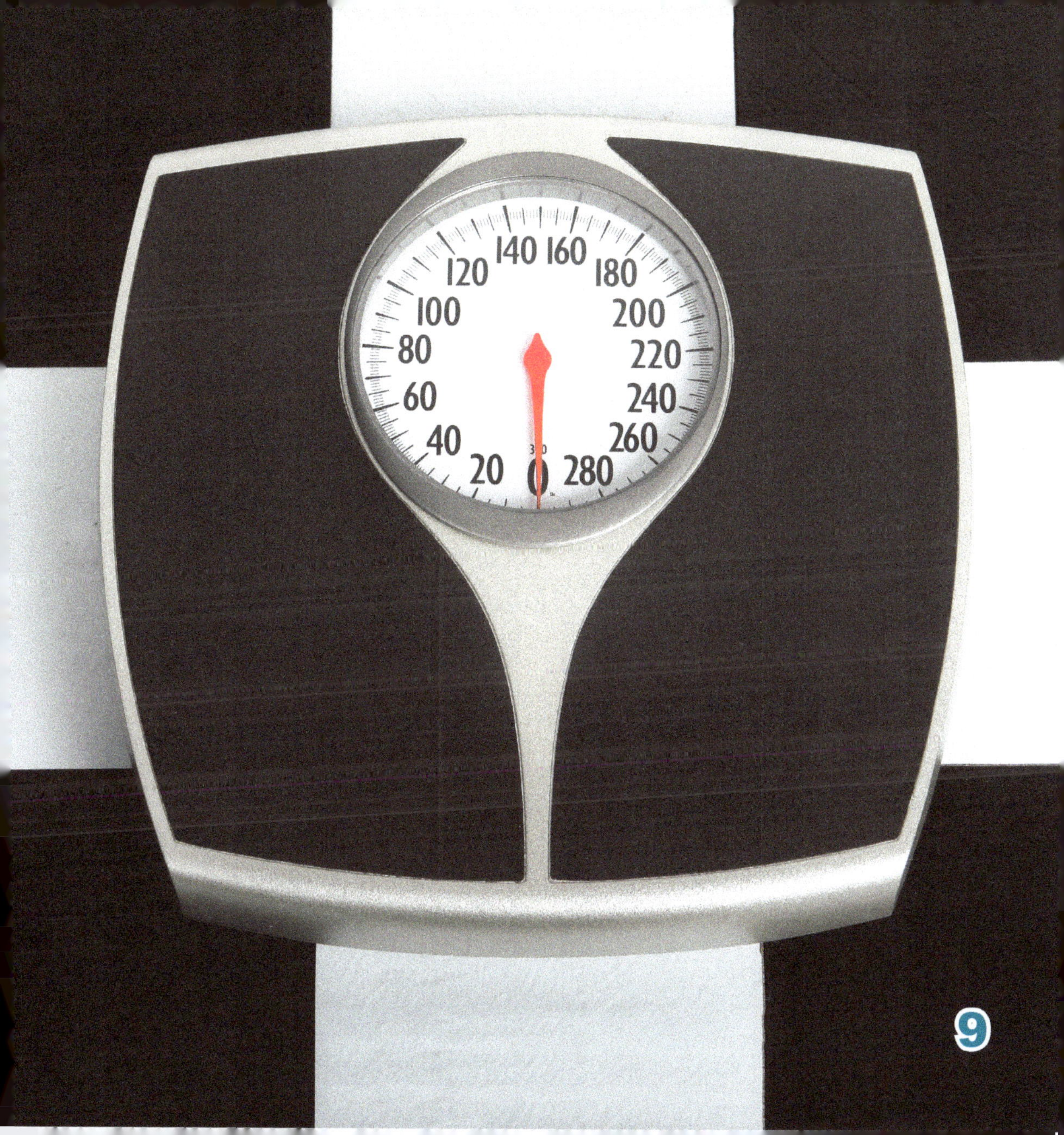
120
140
160
180
100
200
80
220
60
240
40
260
20
0
280

Báscula de contrapeso

Esta báscula tiene una barra transversal con un platillo o bandeja a cada lado. Puedes comparar pesos de objetos poniéndolos en una u otra bandeja y viendo cuál pesa más. Cuando las bandejas están **equilibradas**, es que ambos objetos pesan lo mismo.

La báscula de contrapeso de la página siguiente muestra cómo usar un objeto llamado pesa. ¡Algunas tienen la cifra de su peso grabado! Coloca la pesa o pesas en un platillo. A continuación, agrega objetos en el otro hasta que ambos platillos se equilibren. Ahora ya sabes el peso de, por ejemplo, la manzana de la foto.

En el laboratorio

Los científicos tienen que ser exactos. Añadir demasiado o muy poco de algo puede significar una gran diferencia en sus **experimentos**. Hasta la cantidad más pequeña puede modificar los resultados. Los científicos suelen utilizar un tipo de báscula llamada de carga superior.

Enter

Algunas básculas son **digitales**, por lo que sus mediciones resultan más exactas. En Estados Unidos, el peso suele medirse usando **unidades** tales como onzas y libras. Otros países utilizan unidades métricas o del **sistema métrico decimal** como gramos y kilogramos; los científicos también suelen optar por estas últimas.

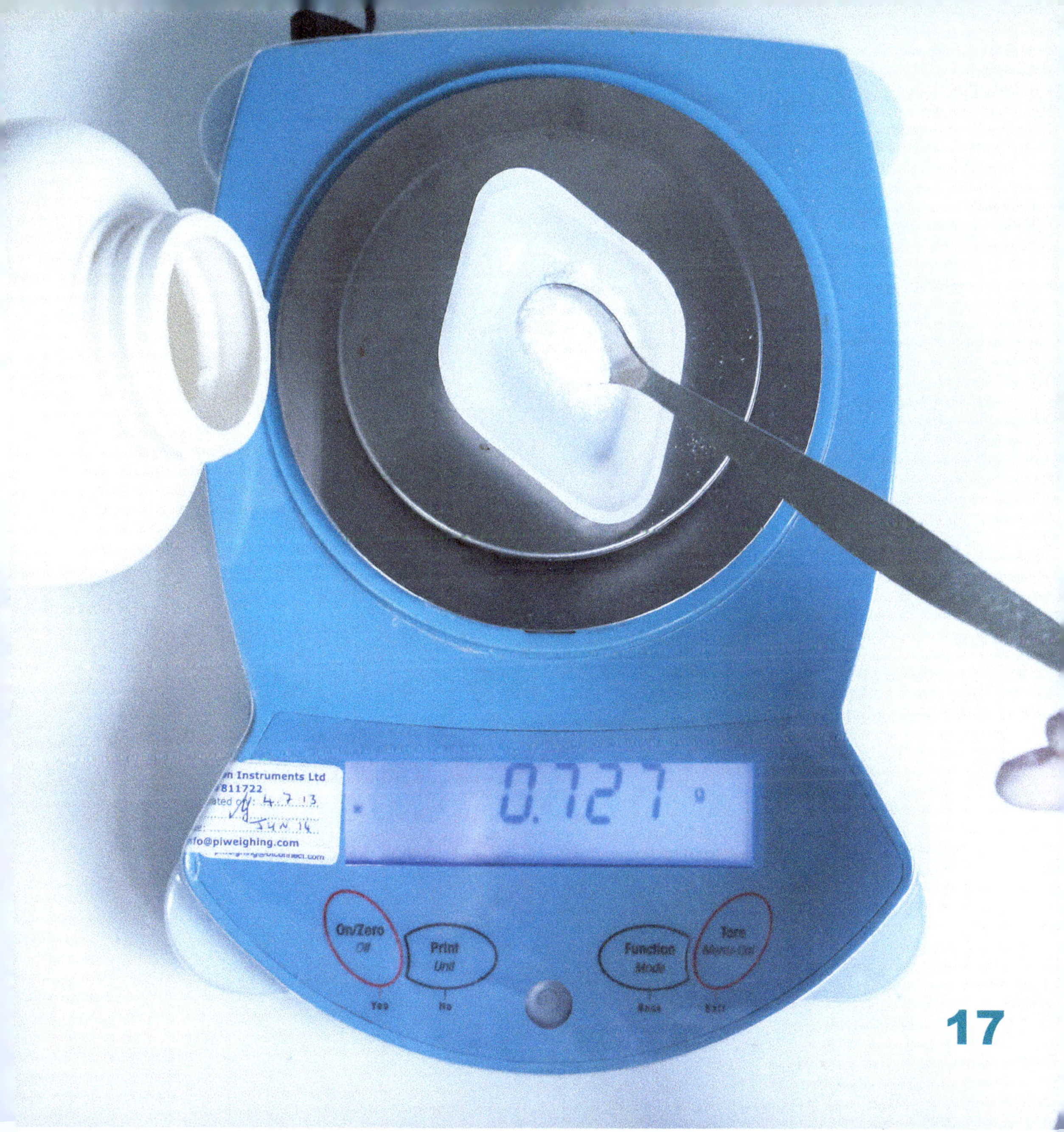
0.727
On/Zero
Print
Unit
Function
Mode
Tare

Los científicos usan unas básculas llamadas **analíticas** para pesar cosas con muy poca masa. La báscula analítica se mantiene encerrada en una caja de vidrio de manera que el polvo, la **temperatura** y el movimiento del aire no afecten sus mediciones. Estas básculas son muy precisas.

125mL

¡A la Luna!

¿Sabes que pesarías menos en la Luna que en la Tierra? ¡Esto se debe a que la Luna tiene menor gravedad! Sin embargo, tu masa seguiría siendo la misma. Hay mucho más que aprender sobre el peso y la masa. Usa una báscula para averiguarlo.

¡Usa básculas!

1) Usa una báscula de cocina o de baño para pesar cinco cosas en casa.

2) Escríbelas en orden, de la más ligera a la más pesada.

GLOSARIO

analíticas: relacionado con el estudio cuidadoso de algo.

digital: reloj que muestra números en lugar de manecillas o un puntero.

equilibradas: relacionado con cantidades iguales de algo.

experimento: prueba científica que realiza acciones y observa sus resultados para conocer mejor un determinado objeto de estudio.

masa: cantidad de materia de algo.

sistema métrico decimal: sistema de pesos y medidas que se basa en el metro y el gramo.

temperatura: medida de lo caliente o frío que es algo.

unidad: cantidad de longitud, peso, tiempo o dinero usada como estándar para contar o medir.

PARA MÁS INFORMACIÓN

LIBROS

Gardner, Robert. *How Heavy Is Heavy? Science Projects with Weight.* Berkeley Heights, NJ: Enslow Elementary, 2015.

Metz, Lorijo. *Using Scales and Balances.* New York, NY: PowerKids Press, 2013.

Pipe, Jim. *Balancing: Cranes, Scales, and Seesaws.* North Mankato, MN: Stargazer Books, 2008.

SITIOS DE INTERNET

Gravedad: los hechos
idahoptv.org/sciencetrek/topics/gravity/facts.cfm
Para saber más acerca de la gravedad, la masa y el peso.

Medir la materia
brainpop.com/science/matterandchemistry/measuringmatter/.
Sobre las diferentes formas de cuantificar (medir) la materia.

Nota del editor a los educadores y padres: nuestro personal especializado ha revisado cuidadosamente estos sitios web para asegurarse de que son apropiados para los estudiantes. Muchos sitios web cambian con frecuencia, por lo que no podemos garantizar que posteriores contenidos que se suban a esas páginas cumplan con nuestros estándares de calidad y valor educativo. Tengan presente que se debe supervisar cuidadosamente a los estudiantes siempre que tengan acceso al Internet.

ÍNDICE